나를 성장시키는 최고의 습관

하루 5분, 고난을 이기는 묵상 ♥ 기도문

분홍소금 지음

북스원
BOOKSONE

《고린도전서》에 대하여

《고린도전서》는 고린도 교회에 보낸 바울의 편지입니다. 당시 바울은 온갖 핍박과 위험 속에서 몸소 고된 노동을 해가며 복음을 전하고 있었습니다. 그런데 자신이 세운 고린도 교회마저 분열되어 갈등하고 있다는 소식은 더욱 큰 실망과 고통을 안겨 주었습니다. 바로 이런 때에 쓴 글이 《고린도전서》입니다. 고난에 고난을 더하는 중에 쓴 바울의 편지는 고난과 고통 가운데 있는 사람들에게 따뜻한 위로와 견딜 수 있는 믿음과 마침내 이겨낼 힘을 줄 것입니다.

하루 5분, 나를 위해 기도해 보세요

- 이 책을 통해 《고린도전서》를 읽고 기도하면서 고난의 시간을 성장하고 성숙하는 훈련의 시간으로 변화시킬 수 있기를 바랍니다.

- 이 책은 30일 동안 《고린도전서》를 읽으며 말씀을 묵상하고 기도할 수 있도록 구성되어 있습니다.
- 하루 중 일정한 시간을 정해 놓고 이 책을 가지고 말씀 읽고 묵상하고 기도해 보세요. 5분이면 충분합니다.
- '오늘의 말씀'을 성경으로 먼저 읽고, 그 말씀 중 이 책에서 뽑은 성경 구절을 가지고 집중적으로 묵상하고 기도해 보세요. 30일 동안 말씀 묵상을 하면서 《고린도전서》 전체를 통독할 수 있습니다.
- 이 책을 가지고 다니면서 출퇴근 길이나 점심 시간, 잠시 친구를 기다리는 시간 등, 짧은 틈을 활용해 읽고 기도해 보세요.
- 나의 기도를 직접 쓰기 어렵다면, '오늘의 기도'를 필사해 보세요.
- 따로 시간을 내어 기도문을 쓸 때는 그날의 내용 중에 마음에 와 닿는 부분을 여러 번 묵상해 볼 것을 권합니다.

차례

하루 5분

고난을 이기는 묵상 기도문

고린도전서

1
DAY

하나님의 선택 기준

오늘의 말씀

1장 1절~31절

하나님께서 세상의 미련한 것들을 택하사 지혜 있는 자들을 부끄럽게 하려 하시고 세상의 약한 것들을 택하사 강한 것들을 부끄럽게 하려 하시며 하나님께서 세상의 천한 것들과 멸시 받는 것들과 없는 것들을 택하사 있는 것들을 폐하려 하시나니.(1:28)

고린도전서는 고린도 교회가 바울 파, 아볼로 파, 게바 파 등으로 분열되어 싸운다는 소식을 듣고 쓴 바울의 편지입니다. 이때 바울은 자신을 따르는 세력에만 힘을 실어 주고 다른 파들은 다 무시할 수도 있었습니다. 그러나 바울은 그렇게 하지 않았습니다. 바울은 이렇게 묻습니다. "그리스도께서 어찌 나뉘었느냐 바울이 너희를 위하여 십자가에 못 박혔으며 바울의 이름으로 너희가 세례를 받았느냐."(1:13)

바울은 내세울 만한 혈통, 가문, 학식을 가졌지만 자신을 과시하려 하지 않았습니다. 바울은 오직 예수 그리스도의 복음만을 세우려 했습니다. 그는 세상의 지혜, 권력, 가문이 하나님 앞에서는 아무것도 아니라는 것을 잘 알고 있었습니다.

하나님의 지혜가 부족해서, 하나님의 능력이 부족해서 우리를 부르신 것이 아닙니다. 지식을 과시하고 능력을 뽐내라고 직분을 주신 게 아닙니다. 하나님은 어리석고 약한 자를 택하여, 지혜롭고 강한 자들을 부끄럽게(1:27) 하십니다. 이는 하나님 앞에서 아무것도 자랑하지 못하게 하기 위해서(1:29)입니다.

우리가 어디에 있든, 무엇을 하든 중요한 것은 그리스도의 복음을 드러내는 것이지, 나를 내세우는 것이 아닙니다. 모든 것을 주신 하나님 앞에서 자신을 뽐내는 것만큼 어리석은 일은 없습니다.

오늘의 기도

하나님, 내 안에 다른 사람들에게 나를 드러내고 싶은 마음, 남들보다 더 우위에 서고 싶은 마음이 있음을 고백합니다. 오늘 말씀을 통해 내게 있는 모든 것은 감사할 것들일 뿐, 자랑할 것이 아니라는 사실을 깨닫습니다. 주님, 나를 내세우는 어리석은 자랑과 교만에 빠지지 않도록 지켜 주십시오. 큰 사건이나 능력을 통해서가 아니라 작은 일상에서 복음의 빛을 드러내는 삶을 살도록 함께해 주십시오. 예수님의 이름으로 기도합니다. 아멘.

나의 기도

2
DAY

다만 하나님의 능력으로

오늘의 말씀

2장 1절-16절

내가 너희 가운데 거할 때에 약하고 두려워하고 심히 떨었노라 내 말과 내 전도함이 설득력 있는 지혜의 말로 하지 아니하고 다만 성령의 나타나심과 능력으로 하여 너희 믿음이 사람의 지혜에 있지 아니하고 다만 하나님의 능력에 있게 하려 하였노라.(2:3-5)

바울은 위대한 사도입니다. 그는 뛰어난 지식인이었고, 탁월한 문장가였고, 용감한 전도자였습니다. 그런데도 그는 고린도 교회에서 말씀을 전할 때에 '두려웠고 무척 떨었다'고 고백합니다.

위대한 바울도 완벽한 사람이 아닙니다. 예수님을 만났고 믿음의 확신이 있었지만 늘 자신감에 차 있는 달변가는 아니었습니다.

그러나 바울은 자신의 약함을 성령께 맡김으로 이겨냈습니다. 바울은 자신의 지혜를 자랑하려 하지 않았습니다. 뛰어난 언변으로 추앙받을 생각도 없었습니다. 그는 오직 그리스도의 복음을 전하는 것에만 집중했습니다. 그는 사도로서 완벽하다는 평가를 받으려 하지 않았습니다. 오히려 자신의 약함을 드러냄으로써 자기 안에서 일하시는 성령의 힘을 더 강력하게 증거했습니다. 나약함과 약점을 하나님의 은혜를 깨닫게 하는 성령의 도구로 삼았습니다. 오직 복음 전파가 그의 사명이었기 때문입니다.

자신의 부족함과 약점 때문에 한탄할 때가 있습니까. 바울도 말씀을 전할 때에 두려움에 떨었다는 것을 떠올려 보십시오. 그가 어떻게 두려움을 이겨냈는지를 되새겨 보십시오. 바울과 함께하셨던 성령께서 지금 나와도 함께하심을 기억하십시오.

오늘의 기도

하나님, 사람들 앞에서 두려워 떨었다는 바울의 고백에 위로를 받습니다. 그러나 이 말씀이 위로에서 끝나지 않고 그다음 행동으로 나아가는 힘이 되게 해주십시오. 사람들의 인정과 세간의 평가에 매달리지 않고, 성령을 의지하고, 하나님을 바라보고 나아가겠습니다. 부족함을 한탄하지 않고 성령께서 채워 주시기를 구하겠습니다. 오늘 내 모습에 실망하기보다 어제보다 더 나은 나를 위해 힘쓰겠습니다. 주께서 함께해 주십시오. 예수님의 이름으로 기도합니다. 아멘.

나의 기도

3
DAY

적절한 때에 받으리라

오늘의 말씀

3장 1절 23절

나는 심었고 아볼로는 물을 주었으되 오직 하나님께서 자라게 하셨나니 그런즉 심는 이나 물 주는 이는 아무것도 아니로되 오직 자라게 하시는 이는 하나님뿐이니라 심는 이와 물 주는 이는 한가지이나 각각 자기가 일한 대로 자기의 상을 받으리라.(3:6-8)

우리는 가정, 일터, 교회 등에서 많은 일들을 합니다. 그런데 간혹 불만이 생기는 경우가 있습니다. 하고 있는 일에 상응하는 대가나 대접을 못 받고 있다는 생각이 들 때입니다. 이런 불만은 다른 사람과 비교할 때에 더욱 커집니다.

내 일이 다른 사람의 일보다 더 힘들고, 더 중요한 일이라고 생각하고 있습니까. 내가 다른 사람들보다 더 유능하고, 더 열심히 일하는데, 그에 합당한 인정과 대가가 주어지지 않고 있다고 생각하십니까.

바울은 '나는 심었고 아볼로는 물을 주었지만 자라게 하신 이는 하나님이시라'고 말합니다. 심는 것이 물을 주는 것보다 더 힘드는 일이니 내가 더 많은 대가를 받아야 한다고 주장하지 않습니다. 아무리 잘 심고, 열심히 물을 주어도 자라게 하시는 이는 하나님이기 때문입니다.

우리는 하나님이 일하시는 통로일 뿐입니다. 따라

서 우열을 가리거나 공로의 크기를 다툴 필요가 없습니다. 모두 그 수고한 대로 삯을 받을 것입니다. 비교하거나 불평하지 마십시오. 그 삯은 각자에게 가장 적절한 때에, 가장 적절한 방식으로 주어질 것입니다. 하나님께서 모든 때와 필요를 아시기 때문입니다.

오늘의 기도

주님, 어디서 무슨 일을 하든 바울의 마음을 본받게 해주십시오. 바울은 자신을 알아주지 않는다고 성내지도 않고, 자신의 우월함을 주장하지도 않습니다. 다른 사람과 공을 다투지 않습니다. 오직 하나님께서 일한 만큼 상 주실 것을 믿고 나아갔습니다. 저도 이제 경쟁심과 시기심 때문에 상대를 깎아내리거나 미워하지 않겠습니다. 당장의 성과에 자만하지도 실망하지도 않겠습니다. 모든 것을 아시는 하나님께서 나에게 꼭 맞는 때에, 꼭 맞는 것으로 상 주실 것을 믿으며 나아가겠습니다. 주께서 이 마음을 지켜 주시옵소서. 예수님의 이름으로 기도합니다. 아멘.

나의 기도

4
DAY

마음대로 판단하지 말라

오늘의 말씀

4장 1절-5절

그러므로 때가 이르기 전 곧 주께서 오시기 전까지 아무것도 판단하지 말라 그가 어둠에 감추인 것들을 드러내고 마음의 뜻을 나타내시리니 그때에 각 사람에게 하나님으로부터 칭찬이 있으니라.(4:6)

바울은 다른 사람들에게 판단 받는 것을 크게 여기지 않으며, '나도 나를 판단하지 않는다'고 말합니다. 자신의 판단으로 의롭게 되는 것도 아니며, 심판하시는 이는 오직 주님 한 분이시기 때문입니다.

우리는 판단에 있어 두 가지 어리석음을 범하기 쉽습니다. 하나는 다른 사람들의 평가가 두려워 말과 행동을 다른 사람들의 눈에 맞추는 것입니다. 다른 하나는 내가 나를 판단해서 자만하거나, 심하게 자책하는 것입니다. 자만하거나 절망하는 것은 모두 교만한 행동입니다. 다른 사람에 대한 판단 역시 주님께 맡겨야 합니다. 내 생각으로만 하는 판단은 편향되기 쉽습니다. 편향된 판단은 다른 사람을 무시하고 미워하거나, 일방적으로 추종하게 만듭니다.

바울은 어느 것도 미리 판단하지 말라고 가르칩니다. 우리의 일은 판단이나 평가가 아닙니다. 주님의 말씀을 따라 사는 것입니다. 그 과정에서 실수하고,

넘어지고, 잘못을 저지르지만, 스스로 자신을 심판하고 절망해서는 안됩니다. 모든 심판은 주께서 하시므로 우리는 회개하고 기도하고 감사하며 계속 앞으로 나아가야 합니다. 그것이 우리의 역할입니다. 심판은 그 모든 것을 보시고 주님께서 하실 것입니다.

오늘의 기도

주님, 말씀을 읽고 깨달을수록, 지식을 알면 알수록 판단이 얼마나 어려운 것인지를 알게 됩니다. 내 좁은 소견과 얕은 지식으로 하나님의 일을 판단하는 것은 교만이고, 죄입니다. 누구든 겉모습을 보고 평가하거나 섣부르게 단정하지 않겠습니다. 나 자신에 대한 판단도 하나님께 맡기겠습니다. 나의 약함과 어리석음 때문에 낙심하거나, 포기하거나, 미리 절망하지 않겠습니다. 마지막날에 주님께 칭찬받는 자가 될 수 있도록 계속 나아가겠습니다. 예수님의 이름으로 기도합니다. 아멘.

나의 기도

5
DAY

말이 아니라 능력으로

오늘의 말씀

4장 6절-21절

바로 이 시각까지 우리가 주리고 목마르며 헐벗고 매맞으며 정처가 없고 또 수고하여 친히 손으로 일을 하며 모욕을 당한즉 축복하고 박해를 받은즉 참고 비방을 받은즉 권면하니 우리가 지금까지 세상의 더러운 것과 만물의 찌꺼기 같이 되었도다.(4:11-13)

4장에서 바울은 사도들과 고린도 교회 사람들의 삶을 대비시킵니다.

사도들은 직접 손으로 고된 노동을 하며 생활했습니다. 주리고, 헐벗고, 얻어맞으며 복음을 전했습니다. 욕을 먹으면 도리어 축복해 주고, 박해를 받으면 참고, 비방을 받으면 좋은 말로 응답했습니다. 사도들은 그리스도의 복음과 구원을 위해 수많은 고통을 감내했습니다. 하나님이 사도들을 세상에서 가장 보잘것없는 사람, 세상의 구경거리로 내놓으셨다고 말할 정도로 극심한 고통을 당했습니다.

그런데 편안히 복음의 열매를 누리고 있는 고린도 교회 사람들은 편을 갈라 파벌 싸움을 하고 있었습니다. 서로 자신의 지식을 자랑하고 상대를 얕보며 헐뜯었습니다.

바울은 그들에게 가서 '그들의 말'이 아니라 '그들의 능력'을 알아보겠다고 경고합니다. 그들은 서로 지식을 자랑하지만, 하나님 나라는 '말이 아니라 오직 능력에 있기'(4:20) 때문입니다.

우리는 모두 사도들에게 빚을 지고 있습니다. 복음 때문에 목숨을 걸지 않아도 되고, 박해를 받지도 않습니다. 그런 우리의 생활은 어떠합니까. 우리는 무엇과 싸우고 있습니까. 멋진 말이 아니라 선한 능력을 가진 그리스도인으로 살고 있다고 할 수 있습니까.

오늘의 기도

주님, 낮고 천한 자리에서 박해를 견디며 복음을 전하던 사도들을 생각할 때, 지금 저의 안일한 삶이 부끄럽게 느껴집니다. 져야 할 십자가는 피하고, 영혼의 잘됨보다 물질적 풍요를 더 많이 구했습니다. 주의 길에서 멀어지게 하는 유혹과 싸워야 하는데, 형제보다 우위에 서려고 힘겨루기를 했습니다. 주님, 이 어리석음을 용서해 주십시오. 이제 주께서 주신 능력을 하나님 나라를 이루는 데 쓰기를 원합니다. 예수님의 이름으로 기도합니다. 아멘.

나의 기도

6
DAY

묵은 누룩을 버려라

오늘의 말씀

5장 1절-8절

너희가 자랑하는 것이 옳지 아니하도다 적은 누룩이 온 덩어리에 퍼지는 것을 알지 못하느냐 너희는 누룩 없는 자인데 새 덩어리가 되기 위하여 묵은 누룩을 내어버리라 우리의 유월절 양 곧 그리스도께서 희생되셨느니라.(5:6-7)

누룩은 성경의 비유 속에 여러 번 나옵니다. 적은 양으로도 반죽을 크게 부풀게 하기 때문에, 작은 것이 가진 큰 힘을 이야기할 때 주로 쓰입니다. 고린도전서 5장에서는 적은 양의 누룩이 반죽 전체에 퍼질 것을 우려합니다. 몇몇 사람의 악행이 교회 전체로 퍼지지 않도록 초기에 차단하고자 한 것입니다.

바울은 '새 덩어리가 되기 위하여 묵은 누룩을 내버리라'고 말합니다. 묵은 누룩 즉, 악의와 악독의 누룩을 버리고 성실과 진실을 누룩 삼자고 말합니다. 우리는 이 말씀을 지금 내 삶에 적용할 수 있습니다.

예수 안에서 거듭난 삶을 살려면 이전까지 지니고 있던 위선과 교만의 누룩을 버려야 합니다. 누룩으로 잔뜩 부풀린 후 설탕 옷을 입혀 반들거리는 겉모양을 추구하는 삶에서 벗어나야 합니다. 돋보이고 싶어 과장했던 위선, 경쟁에서 이기기 위해 품었던 시기심, 내 방식만이 바르고 옳다고 믿는 교만 등이 묵은 누룩입니다. 묵은 누룩은 버리고 믿음과 성실을 새 누룩으로 삼으십시오. 보이기 위한 행동이 아니라 진심에서 우러나는 선의를 실행하십시오. 세상은 겉으로 드러나는 것에 속을 수 있지만 하나님은 마음의 중심을 보시는 분임을 잊지 마십시오.

오늘의 기도

주님, 적은 누룩이 온 덩어리에 퍼지는 것을 너무도 잘 압니다. 게으름의 누룩이 일상을 나태하게 합니다. 탐욕의 누룩이 죄악을 불러옵니다. 주님, 제 안에 있는 묵은 누룩들을 버릴 수 있는 용기를 주십시오. 오랫동안 길들여진 나쁜 생각 습관과 나쁜 행동 습관을 버리고 새 사람을 입을 수 있게 해주십시오. 사소하다는 핑계로 낡은 옛 습관으로 돌아가려는 할 때마다 적은 누룩이 덩어리 전체를 부풀게 한다는 사실을 일깨워 주십시오. 나를 거듭나게 하시는 예수님의 이름으로 기도합니다. 아멘.

나의 기도

7
DAY

이런 형제를 피하라

오늘의 말씀

5장 9절-13

만일 어떤 형제라고 일컫는 자가 음행하거나 탐욕을 부리거나 우상 숭배를 하거나 모욕하거나 술 취하거나 속여 빼앗거든 사귀지도 말고 그런 자와는 함께 먹지도 말라.(5:11)

고린도 교회에는 음행의 문제가 있었습니다. 음행은 다윗도 걸려 넘어진 죄입니다. 음욕의 유혹은 강력합니다. 바울이 '공동체에서 쫓아내라'고 할 만큼 음행을 엄격하게 다스린 것은 어떤 죄보다 개인과 공동체에 치명적이기 때문입니다.

그리스도인은 한 사람, 한 사람이 하나님의 성전입니다. 자신을 음행으로 더럽히는 것은 성전을 더럽히는 것입니다. 더구나 교인들의 추문이 교회 밖으로까지 퍼져 나간다면 그리스도의 복음은 생명의 빛을 잃게 될 것입니다. 하나님의 영광을 가리는 정도가 아니라 하나님의 이름을 더럽히게 될 것입니다.

마음속에 음욕이 일어나는 것은 통제하기 어렵습니다. 의지나 선택의 영역이 아니기 때문입니다. 그러나 행동은 다릅니다. 의지로 제어하고, 단호하게 끊어낼 수 있습니다.

우리는 율법이 아니라 말씀을 따라 사는 사람들입

니다. 세상의 법이 두려워서가 아니라 주님의 은혜와 사랑을 생각하며 정결한 삶을 선택해야 합니다. 옳은 선택이 반복되면 나쁜 생각이 설 자리를 잃게 될 것입니다.

탐욕과 우상 숭배와 비방의 유혹 역시 물리쳐야 합니다. 이것들 역시 복음의 빛을 가리는 무거운 죄이기 때문입니다.

오늘의 기도

주님, 세상에서 보고 듣는 많은 것들이 쾌락을 즐기라고 유인하고 있습니다. 음욕은 통제할 수 없는 본능이라는 변명이 우리를 더욱 강하게 유혹합니다. 주님, 우리가 이 변명에 속지 않게 지켜 주십시오. 유혹에 흔들릴 때마다 주께 돌이킬 수 있도록 성령께서 함께해 주십시오. 악한 유혹을 물리치고 선한 것을 택하라고 우리를 부르셨다는 것을 잊지 않게 해주십시오. 기도로 마음을 정화하고 말씀으로 무장하게 해주십시오. 예수님의 이름으로 기도합니다. 아멘.

나의 기도

8
DAY

유익한 것을 택하라

오늘의 말씀

6장 1절-20절

모든 것이 내게 가하나 다 유익한 것이 아니요 모든 것이 내게 가하나 내가 무엇에든지 얽매이지 아니하리라.(6:12)

하나님의 성령 안에서 거듭나 거룩함과 의롭다 하심을 받은 우리는 자유함을 얻었습니다. 무엇에도 얽매일 필요가 없습니다. 그러나 무엇이든 할 수 있다고 해서 모든 것이 다 나에게 유익한 것은 아닙니다.

예수 그리스도의 죽음으로 율법은 폐해졌습니다. 그러나 율법에 얽매임이 없으니 방탕한 생활을 해도 괜찮다는 뜻은 아닙니다. 우리는 하나님의 자녀지만, 여전히 방탕하고 어지러운 세상 가운데서 살아가야 합니다. 선과 악이 혼재하는 세상에서 모든 것이 우리에게 유익할 수는 없습니다. 하고 싶은 대로 한다고 내 몸과 영혼에 기쁨이 넘치는 것도 아닙니다. 잠깐의 즐거움 다음에 엄청난 대가를 치를 수 있습니다. 이 세상은 여전히 세상의 법 아래 있습니다.

우리 몸은 그리스도의 지체입니다. 우리는 사랑의 법 아래 있습니다. 사랑의 법은 율법보다 완벽합니다. 사랑에는 억지나 눈속임이 없기 때문입니다. 사랑의 법은 하라고 해서 하거나, 하지 말라고 해서 안 하는 규제를 뛰어넘습니다. 규제는 죄를 다스리기 위한 것이고, 거듭난 우리의 선택 기준은 말씀을 따르는 것입니다. 그리스도께서 주신 자유를 죄에게 주지 마십시오. 그리스도의 지체인 우리는 성령이 거하는 성전임을 잊지 마십시오.

오늘의 기도

주님, 오늘은 사랑의 법과 율법에 대해 생각합니다. 주께서 우리를 자유하게 하셨으나 여전히 율법에 매여 있는 자신을 발견합니다. 율법이 두려워서 죄를 짓지 않는 것이 아니라, 나의 의지로 죄를 버리고 선을 택하게 해주십시오. 주께서 주신 자유를 더 많이 사랑하고, 거리낌없이 베푸는 데 사용하게 해주십시오. 내 몸이 성령이 거하는 성전임을 잊지 않게 하시고, 잠시의 쾌락이 아니라 내 몸과 영혼의 유익함을 따라 살게 해주십시오. 예수님의 이름으로 기도합니다. 아멘.

나의 기도

9
DAY

부르심 그대로 따르라

오늘의 말씀

7장 1절-24절

할례 받는 것도 아무것도 아니요 할례 받지 아니하는 것도 아무것도 아니로되 오직 하나님의 계명을 지킬 따름이라 각 사람은 부르심을 받은 그 부르심 그대로 지내라.(7:19-20)

7장에서 바울은 결혼과 부부의 문제에 답합니다. 정욕을 절제할 수 없다면 결혼하는 것이 좋고, 배우자가 믿지 않는 자라도 상대가 원하지 않으면 헤어지지 말고 함께하라고 권합니다. 배우자 문제가 생기는 이유는 결혼을 한 이후에 복음을 접하게 되었기 때문입니다. 이미 결혼을 한 사람이 배우자가 믿지 않는다는 이유로 헤어질 필요는 없습니다. 주께서 그 사람을 부르신 상황 그대로, 있는 그 자리에서 그리스도인의 삶을 살면 되는 것입니다. 할례처럼 외형의 표식으로 구원을 받는 것이 아니기 때문입니다.

예수님을 믿는다고 자신이 해오던 일을 버릴 필요는 없습니다. 특정한 표식이나 특정한 직업이나 결혼의 유무가 하나님의 일을 하는 데에 제약이 되지 않습니다. 특정한 일에 하나님의 은총이 임하는 것은 아닙니다. 베드로처럼 그물을 버리고 제자가 되는 사람도 있지만, 삭개오처럼 자신의 일을 정직하게 하는 것으로 삶의 태도를 변화시키는 사람도 있습니다. 부르심을 받은 그대로 하나님과 함께 거하면 됩니다. 다만 불의한 일을 하고 있다면, 그 일에서 손을 떼야 합니다. 누군가에게 노예처럼 매여 있다면 용기를 가지고 그에게서 벗어나야 합니다.

오늘의 기도

주님, 내가 처한 환경이 하나님의 일을 하는 데 방해가 된다고 생각한 적이 있습니다. 그래서 지금 내가 가진 조건과 상황에 대해 아쉬움과 불만과 원망이 있었습니다. 그러나 오늘 말씀을 통해 어떤 조건이나 상황이 하나님을 따르는 데에 문제가 되지 않음을 알았습니다. 주님, 지금 이대로의 나를 부르신 하나님의 뜻을 깨닫게 해주십시오. 내가 할 수 없는 것들 때문에 한탄하는 대신, 내가 할 수 있는 것들을 기쁨으로 해 나갈 수 있기를 원합니다. 예수님의 이름으로 기도합니다. 아멘.

나의 기도

10
DAY

이치에 합당하게

오늘의 말씀

7장 25절-40절

내가 이것을 말함은 너희의 유익을 위함이요 너희에게 올무를 놓으려 함이 아니니 오직 너희로 하여금 이치에 합당하게 하여 흐트러짐 없이 주를 섬기게 하려 함이라.(7:35)

우리는 규범을 올무로 여기기 쉽습니다. 내가 원하는 행동은 가로막고, 원치 않는 것은 하게 만드는 완력으로 치부합니다. 그런데 남녀 관계나 결혼 생활에 대해 몇 가지 기준을 권고하는 바울은 그것이 '너희의 유익'을 위함이라고 이야기합니다. 그 유익은 '이치에 합당하게' 주를 섬기는 데서 나온다고 말합니다.

'이치에 합당하게'는 억지가 없이 자연스럽게입니다. 바울이 결혼하지 않는 것이 좋다고 말한 것은, 홀로 있으면 더 많은 시간을 하나님께 집중할 수 있기 때문이지 홀로 있는 것 자체가 함께 있는 것보다 우위여서가 아닙니다. 그런데 결혼을 했거나, 결혼하기로 약속했는데도 단지 '결혼하지 않는 게 좋다'는 말씀을 계율처럼 받아들이고 약속을 깨는 것은 이치에 맞는 것이 아닙니다.

주의 일을 하면서 마음은 딴곳에 있어 괴로움에 시달리는 것보다는, 적은 시간이라도 진심으로 즐겁게 주의 일을 하는 것이 낫습니다. 그것이 이치에 합당하기 때문입니다. 억지로 하는 일은 길게 할 수 없습니다. 진심을 억누르는 것은 잠시는 가능하지만 결국에는 몸과 마음을 상하게 합니다. 하나님의 일을 한다고 자신의 심신의 상하게 하는 것은 누구에게도 유익이 되지 않습니다.

오늘의 기도

주님, 오늘은 '이치에 합당하게'라는 말씀을 되새겨봅니다. 내가 내 마음을 거스르며 남들에게 보이기 위해 억지로 한 일이 있는지 돌아봅니다. 기쁜 마음 없이 많은 일을 하는 것보다 작은 일이라도 기쁨으로 하는 것이 나에게 유익이 되고, 하나님께 영광이 됨을 다시 한번 깨닫습니다. 겉모습이 아니라 마음의 중심을 보시는 주님, 내가 이치에 합당하게 주님을 섬길 수 있도록 순간순간 깨우쳐 주십시오. 진심을 다하여 주의 일을 하는 자가 되겠습니다. 예수님의 이름으로 기도합니다. 아멘.

나의 기도

11
DAY

지식보다 사랑으로

오늘의 말씀

8장 1절-6절

우상의 제물에 대하여는 우리가 다 지식이 있는 줄 아나 지식은 교만하게 하며 사랑은 덕을 세우나니 만일 누구든지 무엇을 아는 줄로 생각하면 아직도 마땅히 알 것을 알지 못하는 것이요.(8:1-2)

고린도는 번화한 항구도시였습니다. 섬기는 신들도 많았고 제사도 빈번했습니다. 제사를 지내고 난 고기는 싼값에 팔았고, 가난한 사람들이 그것을 사다 먹었습니다. 유대인 그리스도인들은 우상의 제물을 먹는 것을 금기시했습니다. 이는 우상에 바친 고기를 사먹는 가난한 사람들에게는 큰 문제가 될 수밖에 없었고, 그로 인해 교회에서 갈등이 생겼습니다.

바울은 이 문제에 대해 '지식이 아니라 사랑으로 덕을 세우라'고 답합니다. 우상의 제물을 금기시하는 것은 하나님과 우상을 동일한 신의 반열에 놓고 생각하는 것입니다. 그러나 만물이 하나님으로부터 났으므로 우상은 하나님의 창조 세계에 있는 피조물에 불과합니다. 그 피조물에게 바친 제물 역시 음식일 뿐 그 이상의 위력을 가질 수 없습니다. 겁낼 것도 없고, 부정하게 여길 것도 없습니다.

따라서 가난한 사람들의 일용할 양식을 지식의

규례를 덧씌워 금지하는 것은 하나님의 방법이 아닙니다.

'사람이 안식일을 위해 있는 것이 아니라 안식일이 사람을 위해 있다'고 하신 예수님의 말씀(마가복음 2:23-28)을 기억해 보십시오. 그리스도인의 삶은 지식보다 사랑의 덕이 우선이어야 합니다.

오늘의 기도

주님, 제가 세상의 고정관념에 젖어 살고 있는 것은 아닌지 생각해 봅니다. 음식이 사람을 부정하게 한다고 여긴 유대인처럼, 마치 어떤 사물에 신비한 능력이 있는 것처럼 두려워하지 않았는지 돌아봅니다. 이제 어떤 피조물도 나를 해치 못한다는 믿음 위에 서서 세상의 통념이 아니라 주님의 말씀을 따르는 삶을 살겠습니다. 우리 주님은 세상의 낡은 관념을 깨고 언제나 가난하고 약한 자의 편에 섰던 것을 기억하겠습니다. 예수님의 이름으로 기도합니다. 아멘.

나의 기도

12
DAY

약한 자를 생각하라

오늘의 말씀

8장 7절-13절

음식은 우리를 하나님 앞에 내세우지 못하나니 우리가 먹지 않는다고 해서 더 못사는 것도 아니고 먹는다고 해서 더 잘사는 것도 아니니라 그런즉 너희의 자유가 믿음이 약한 자들에게 걸려 넘어지게 하는 것이 되지 않도록 조심하라.(8:8-9)

바울은 우상의 제물을 먹는 문제를 매개로 '자유'와 '행동의 기준'에 대해 이야기합니다. 우리는 주 안에서 자유를 얻었습니다. 그래서 어떤 음식을 먹든 마음에 걸릴 것이 없습니다. 음식 그 자체는 신성하지도 부정하지도 않으며, 나를 신성하게 하거나 부정하게 할 수도 없습니다.

그러나 성찬식처럼 빵과 술에 의미를 담아서 먹거나, 반대 의미로 피하는 음식이 있습니다. 특히 유대인들에게는 부정하다고 여겨 먹지 않는 음식들이 있습니다. 이런 경우 음식에서의 자유로움이 단번에 해결되지 않습니다. 뿌리 깊은 의식을 바꾸는 것은 쉽지 않기 때문입니다.

바울은 음식에서 자유로웠지만 먹는 기준을 '함께 먹는 사람'에게 두었습니다. 동석한 사람이 가리는 음식은 자신도 먹지 않았습니다. 동석한 사람이 음식에 자유로운 사람이면 기꺼이 함께 먹었습니다. 자신의 자유로움보다 상대방의 믿음의 정도를 더 중요하게 생각했습니다. 약한 사람은 자유로울 수 없습니다. 자유롭다는 것은 강하다는 반증이기도 합니다. 바울은 자신의 자유로움이 아직 그렇지 못한 사람에게 걸림돌이 되지 않게 행동했습니다. 바울의 행동 기준은 자유보다 사랑이었기 때문입니다.

오늘의 기도

주님, 상대방의 입장에서 생각하는 바울의 모습에서 약한 영혼을 배려하는 사랑을 봅니다. 진정으로 강한 사람은 약한 사람의 편에서 생각하고 그와 발을 맞춰 주는 사람입니다. 주님, 나의 자유로움을 자랑하는 것이 다른 사람을 실망시키거나, 주의 사랑을 전하는 데 걸림돌이 되지 않도록 지켜주십시오. 강한 자의 눈치를 살피기보다 약한 자의 심령을 돌보는 사람이 되겠습니다. 이 마음을 잃지 않도록 주님께서 항상 지켜보시고 함께해 주십시오. 예수님의 이름으로 기도합니다. 아멘.

나의 기도

13
DAY

권리보다 중요한 것

오늘의 말씀

9장 1절-14절

다른 이들도 너희에게 이런 권리를 가졌거든 하물며 우리일까보냐 그러나 우리가 이 권리를 쓰지 아니하고 범사에 참는 것은 그리스도의 복음에 아무 장애가 없게 하려 함이로다.(9:12)

바울은 복음을 전하기 위해 사도로서 누릴 수 있는 자신의 권리를 포기했습니다. 일하는 사람은 그 일의 열매를 먹을 자격이 있습니다. 포도밭에서 일했다면 포도를 따 먹을 권리가 있고, 양을 기르면 그 양의 젖을 먹을 권리가 있습니다. 이는 사람의 법과 하나님의 법이 모두 인정한 권리였습니다.

누구보다 하나님의 일에 헌신하고 전도의 열매를 많이 맺은 바울은 사도의 권리를 요구하고 이용할 수 있는 자격이 충분했습니다. 그러나 바울은 그 권리를 누리려 하지 않았습니다. 교회에 선교 비용을 요구할 수 있었지만, 스스로 노동해서 활동 비용을 벌었습니다. 일을 해서 번 수익을 자신의 안락을 위해 사용할 수 있었지만 그렇게 하지 않았습니다. 삶의 목적이 안락과 풍요에 있지 않았기 때문입니다.

바울은 어떻게 하면 많은 수익을 얻을까, 어떻게 하면 편히 살까에 골몰하지 않았습니다. 물질이 주는 편리함에 기대지 않았습니다. 오직 복음 전도에만 집중했습니다. 그것을 사명이자 축복으로 생각했습니다. 바울의 직분은 사도였기 때문입니다.

지금 나에게 주어진 일을 어떤 태도로 하고 있습니까. 일하는 목적보다 그 일의 수익과 권리에만 집중하고 있지 않습니까.

오늘의 기도

주님, 오늘 말씀을 묵상합니다. 나의 기도는 더 많은 수익을 구하고, 더 많은 명예와 안락을 구합니다. 그러나 그것이 오히려 내가 하나님과 함께하는 데에 방해가 될 수 있음을 깨닫습니다. 얕고 연약한 믿음은 안락할수록 하나님을 잊기 쉽습니다. 주님, 고난 중에도 주께서 내게 주신 축복과 인도하심을 늘 기억할 수 있도록 도와주시고, 기쁨과 풍요 가운데서도 내게 주신 사명을 잊지 않도록 함께해 주십시오. 예수님의 이름으로 기도합니다. 아멘.

나의 기도

14
DAY

당기지 말고 다가가라

오늘의 말씀

9장 15절-22절

내가 모든 사람에게서 자유로우나 스스로 모든 사람에게 종이 된 것은 더 많은 사람을 얻고자 함이라.(9:19)

바울은 무엇에도 얽매이지 않은 자유로운 사람이었지만, 율법 아래 있는 사람에게는 율법 아래 있는 것처럼, 율법 없이 사는 사람에게는 자신도 자유로운 것처럼 행동했습니다. 상대를 자신 쪽으로 끌어당기려 하기 전에 자신을 상대에게 맞추며 다가갔습니다. 바울은 복음 전도를 위해 자신의 권리를 다 쓰지 않는 것을 '내가 받은 상'(9:18)이라고 말했습니다.

우리는 얻고자 하는 것이 있을 때에 상대를 내 쪽으로 당기려고 힘을 씁니다. 내 생각이 옳으니 내 쪽으로 오는 것이 당연하다고 여깁니다. 그러나 사람의 마음을 끌어당기는 것은 강한 힘이 아니라 겸손한 진정성입니다. 바울처럼 탁월한 능력을 가졌던 사도도 전도를 할 때는 낮아짐으로 다가갔습니다. 자신의 권위를 이용해 위압적으로 요구하거나, 받아들이지 않는 사람들을 냉소하거나, 화내지 않았습니다.

어떤 직무를 수행하든 섬기는 마음이 중요합니다.

강하고 자유로운 사람만이 진정으로 섬길 수 있습니다. 강함과 자유로움은 직책이 아니라 믿음에서 나옵니다. 모든 일은 주의 때에 이루어질 것을 믿으십시오. 그때까지 즐겁게 나와 함께하는 사람들을 섬기며 자신의 일을 하십시오.

오늘의 기도

주님, 힘으로 끌어당기는 사람이 아니라 기꺼이 권리를 내려놓는 사람이 진정으로 강한 사람임을 깨닫습니다. 주님, 무슨 일이든 힘으로 끄는 자가 아니라 사랑으로 다가가는 사람이 되겠습니다. 원하는 것을 이루는 데까지 시간이 걸린다 해도 불안을 내려놓고 평안한 마음으로 기다릴 수 있는 믿음을 주십시오. 기다리는 동안 나와 함께하는 사람들을 섬기며 즐겁게 일하겠습니다. 원하는 일이 주님의 때에, 주님의 방식으로 이루어질 것을 믿으며 예수님의 이름으로 기도합니다. 아멘.

나의 기도

15
DAY

목표를 잊지 말라

오늘의 말씀

1장 1절~31절

그러므로 나는 달음질하기를 향방 없는 것같이 아니하고 싸우기를 허공을 치는 것같이 아니하며 내가 내 몸을 쳐 복종하게 함은 내가 남에게 전파한 후에 자신이 도리어 버림을 당할까 두려워함이로다.(9:26-27)

어떤 일을 오래 지속하면 경험과 노하우가 쌓여 능숙하게 됩니다. 그 분야에서 실력을 인정받는 유명인이 될 수도 있습니다. 그런데 오랫동안 같은 일을 하면 관성이 생깁니다. 처음에 그 일을 시작한 목적이 무엇인지는 잊어버린 채 그냥 하던 대로 하는 것입니다. 목적을 잃으면 그 분야에서 인정받는 사람이 되어도 허망해집니다. 보람도 기쁨도 느낄 수 없습니다.

지금 어떤 태도로, 어떤 마음으로 일하고 있습니까. 오늘도 어제처럼 발이 움직이는 대로 가고, 손이 움직이는 대로 일하고, 입이 움직이는 대로 말하고 있지 않습니까. 목표 없이 달리고, 허공을 치듯 권투를 하고 있지 않습니까.

경기에 나가는 사람은 모든 일에 절제해야 합니다. 그래서 바울처럼 위대한 사도도 남에게는 복음을 전하고 자신은 오히려 버림받는 신세가 되지 않기 위해, '스스로 자기 몸을 쳐서 굴복시킨다'고 말합니다.

경기장에서 달리는 사람이 달리는 목표와 목적을 잊으면 엉뚱한 방향으로 가게 됩니다. 그러면 전력질주를 하고도 낙오자가 될 수밖에 없습니다. 정확한 목표를 향해 나아가십시오. 끝날 때까지 경기의 목적을 잊지 마십시오.

오늘의 기도

주님, 내가 지금 어디를 향해 달리고 있는지 생각해 봅니다. 오로지 밥벌이만 하고 있는 건 아닌지, 작은 이익과 잠깐의 명성을 위해 힘겹게 경쟁하고 있는 건 아닌지 돌아봅니다. 주님, 내 삶의 목적이 어디에 있는지를 다시 깊이 생각하겠습니다. 방향도 모른 채 속도만 빨리 할 것이 아니라 옳은 방향을 향해 가도록 인도해 주십시오. 달음질할 시간을 다 보낸 후에 후회하지 않도록 지금 마음을 새롭게 하고 새 힘으로 나아가겠습니다. 그 길 위에 함께해 주시옵소서. 예수님의 이름으로 기도합니다. 아멘.

나의 기도

16
DAY

원망하고 시험하지 말라

오늘의 말씀

10장 1절-12절

그들 가운데 어떤 사람들이 주를 시험하다 뱀에게 멸망하였나니 우리는 그들과 같이 시험하지 말자 그들 가운데 어떤 사람들이 원망하다가 멸망시키는 자에게 멸망하였나니 너희는 그들과 같이 원망하지 말라.(10:9-10)

모세와 함께 출애굽한 사람들은 함께 바다를 지나며 세례를 받고, 다 같은 신령한 음식을 먹으며 반석에서 난 신령한 음료를 마셨지만, 가나안에 들어가지 못하고 광야에서 죽었습니다. 이는 같은 예식을 행하고 같은 그룹에 속해 있다고 해서, 같은 영광을 얻는 건 아니라는 걸 보여줍니다.

광야에서 멸망 당한 사람들의 가장 큰 잘못은 하나님을 원망하고, 때때로 시험한 것입니다. 그들은 하나님의 능력을 아는 사람들이었습니다. 홍해가 갈라지는 기적, 구름기둥 불기둥으로 인도하심, 하늘에서 떨어지는 만나 등, 기적을 경험한 사람들이었습니다. 그럼에도 그들은 하나님을 원망하고, 시험했습니다.

그들은 애굽을 벗어나기만 하면 그 즉시 젖과 꿀이 흐르는 땅에 도착할 것이라 생각했습니다. 광야를 거치는 훈련의 시간을 견딜 수 없어 했습니다. 어려운 일이 생길 때마다 하나님을 원망했고, 이방신의 상을 만들어 놓고 먹고 마시며 흥청거렸습니다. 당장 풍요와 쾌락을 준다면 누구든 상관하지 않고 섬겼습니다. 그들은 하나님을 믿은 것이 아니라 하나님의 능력을 이용하려 했을 뿐입니다.

자기 뜻대로 안 된다고 하나님을 원망하지 마십시오. 자기 욕망을 채우려고 하나님을 시험하지 마십시오. 복종은 하나님의 일이 아니라 나의 일입니다. 믿음의 증거는 부와 명예가 아니라 삶의 기쁨과 감사임을 잊지 마십시오.

오늘의 기도

하나님, 내가 원하는 대로 되지 않으면 한탄하고, 내가 원하는 일을 주께서 이루어 주시는지 보자 하는 마음이 있음을 고백합니다. 주님, 원망하고 시험하는 어리석음에서 벗어나 성숙한 신앙을 갖기 원합니다. 시련을 통해 더욱 굳건해지고, 끝까지 하나님의 사람으로 남을 수 있기를 예수님의 이름으로 기도합니다. 아멘.

나의 기도

17
DAY

능히 감당하게 하시리라

오늘의 말씀

10장 13절-14절

사람이 감당할 시험밖에는 너희가 당한 것이 없나니 오직 하나님은 미쁘사 너희가 감당하지 못할 시험 당함을 허락하지 아니하시고 시험 당할 즈음에 또한 피할 길을 내사 너희로 능히 감당하게 하시느니라.(10:13)

10장 13절은 널리 알려진 말씀입니다. 우리는 이 말씀을 주로 고난 중에 있거나, 고통스러운 일을 당한 사람들을 위로하기 위해 인용하곤 합니다. 그러나 잘못하면 이 말씀이 오히려 고통과 슬픔 중에 있는 사람에게 더 큰 상처를 줄 수 있습니다.

우리가 당하는 고난과 고통은 겉보기에는 비슷한 형태라도 각각의 경우마다 다른 뜻과 다른 이유가 있습니다. 사람들마다 받아들이는 정도도 다릅니다. 우리는 그 고난의 의미도, 고통의 강도도 헤아리기 어렵습니다. 따라서 이 말씀으로 모든 고난을 설명하고 고통을 위로하려 하면 오히려 분노와 반발심을 불러올 수 있습니다.

이 말씀은 멸망할 세대를 좇아 우상 숭배를 하거나 음행하거나 주를 시험하지 말고, 말세에 이른 것처럼 늘 조심하라는 당부의 말씀 다음에 나옵니다. '세상의 악한 풍조를 거부하고 복음을 따르다 생기는 어려움이나 고난'은 하나님께서 능히 감당하게 하시거나 피할 길을 주신다는 뜻입니다.

13절의 말씀은 자기 자신에게 적용하는 것이 가장 좋습니다. 내가 고난 중에 하나님의 뜻을 찾고자 할 때에 이 말씀을 붙들고 기도하십시오. 남이 아니라 자신에게 적용하고 체험하는 것이 이 말씀의 참뜻을 깨달을 수 있는 가장 좋은 방법입니다.

오늘의 기도

주님, 하나님은 '능히 감당할 시험만 주시고, 피할 길까지 내신다'는 말씀을 고난 당한 사람을 위로하기 위해 한 적이 있습니다. 그로 인해 상처 받은 영혼이 있다면 주께서 위로해 주십시오. 이제는 나에게 오는 시험이나 고난을 감당해내고자 할 때에 이 말씀을 붙들겠습니다. 내게 오는 시험과 고난의 의미를 일깨워주시고, 믿음으로 능히 감당해낼 수 있도록 함께해 주시옵소서. 예수님의 이름으로 기도합니다. 아멘.

나의 기도

18
DAY

감사하면 해결된다

오늘의 말씀

10장 15절-33절

만일 내가 감사함으로 참여하면 어찌하여 내가 감사하는 것에 대하여 비방을 받으리요 그런즉 너희가 먹든지 마시든지 무엇을 하든지 다 하나님의 영광을 위하여 하라.(10:30-31)

유대인들은 음식을 계율에 따라 엄격하게 가려 먹었습니다. 그로 인해 교회 내에 분쟁이 있었었고, 바울은 음식에 대한 기준을 제시했습니다. 시장에서 파는 것은 파는 이의 양심을 위하여 묻지 말고 먹으라고 합니다. 불신자의 집에 갔다면 그가 차린 음식을 그의 양심을 위하여 묻지 말고 먹으라고 말합니다. 그러나 만일 미리 제물이라는 것을 알렸다면 알린 이의 양심을 위하여 먹지 말라고 합니다. 제물인 줄 알면 먹지 않을 줄 알고 알린 것이기 때문입니다.

이러한 행동의 기준은 엄격한 율법보다 상대에 대한 배려를 우선시하는 것입니다. 바울은 먹고 마시는 것에 자유로웠지만, 상대방이 그로 인해 시험에 들거나 상심하지 않도록 배려했습니다. 먹는 것을 보고 시험에 들 사람 앞에서는 먹지 않았고, 먹지 않는 것을 보고 실망할 사람 앞에서는 먹었습니다. 자기보다 약한 사람을 배려하고, 다른 사람에게 유익이 되는 쪽으로 행동했습니다.

바울은 무엇이든 감사함으로 하면 비방받을 일이 없다고 말합니다. 감사함으로 먹고, 감사함으로 행하면 문제가 될 것이 없습니다. 감사는 나의 유익이나 율법을 따르는 것이 아니라 언제나 온전히 하나님께 영광을 돌리는 것이기 때문입니다.

오늘의 기도

주님, 감사의 중요함을 알려주셔서 감사합니다. 나의 양심에 거리낌이 없으면서도 상대를 배려하는 방법은 무엇이든 감사함으로 하는 것임을 알았습니다. 결정하기 어려운 일을 만날 때에 나의 기준을 내세우기보다 상대의 상황을 배려하도록 성령의 지혜를 주십시오. 무슨 일을 하든지 의무감이나 주변에 보여주기 위함이 아니라, 감사함으로 하는 훈련을 하겠습니다. 주께서 이 마음이 흐트러지지 않도록 붙들어 주시고 함께해 주십시오. 예수님의 이름으로 기도합니다. 아멘.

나의 기도

19
DAY

여자와 남자가 하나님에게서 났으니

오늘의 말씀

11장 1절-16절

그러나 주 안에는 남자 없이 여자만 있지 않고 여자 없이 남자만 있지 아니하니라 이는 여자가 남자에게서 난 것 같이 남자도 여자로 말미암아 났음이라 그리고 모든 것은 하나님에게서 났느니라.(11:11-12)

11장의 남자와 여자에 관한 말씀을 읽을 때는 그 말씀을 하게 된 시대적, 문화적 배경을 고려해야 합니다. 남자와 여자의 지위에 대한 논쟁은 음식 논쟁과 마찬가지로 유대인들이 오랫동안 지켜 왔던 종교적, 문화적 관념을 깨뜨리기가 어려웠기 때문에 일어났습니다.

바울은 여자와 남자, 종과 주인, 할례자나 무할례자나 누구나 평등한 형제로 대했습니다. 유대 민족 속에 갇혀 있던 선민의식의 벽을 허물어 버림으로써 복음의 지경을 전 세계로 넓혔습니다.

남자와 여자에 대하여 누구도 부인할 수 없는 말씀은 12절의 '남자와 여자 모두 하나님에게서 났다'는 것입니다. 하나님 나라에는 남자와 여자의 분별이 있는 것이 아니라, 각 사람별로 하나님께 받은 달란트와 은사가 있을 뿐입니다. 따라서 남자와 여자의 우열이나 우위를 가리는 것은 무용한 논쟁입니다. 성별이 구원에 영향을 주는 것도 아닙니다. 하나님이 구분하지 않는 것을 사람이 구분할 수 없습니다.

여자와 남자 모두 하나님의 형상으로 만들었습니다. 모두 예수님께서 피로 구원하신 하나님의 자녀들입니다. 이것이 남자와 여자가 서로를 똑같이 존중해야 하는 이유입니다.

오늘의 기도

주님, 주 안에서 여자와 남자 모두를 그리스도의 지체로 삼아 주시고 축복해 주심을 감사드립니다. 여자나 남자나, 남편이나 아내나 모두 하나님의 형상으로 지음받았음을 잊지 않게 해주십시오. 성별을 이유로 상대를 비하하거나 비난하려는 마음이 들 때에 그것이 그 사람을 지으신 하나님을 욕되게 하는 것임을 깨닫게 해주십시오. 남자와 여자 모두 주께서 피로 사신 자녀이니 서로의 부족함을 사랑으로 채우고 감사하며 함께할 수 있도록 인도해 주십시오. 예수님의 이름으로 기도합니다. 아멘.

나의 기도

20
DAY

기다려 함께 먹으라

오늘의 말씀

11장 17절-34절

너희가 먹고 마실 집이 없느냐 너희가 하나님의 교회를 업신여기고 빈궁한 자들을 부끄럽게 하느냐.(11:22)
그런즉 내 형제들아 먹으러 모일 때에 서로 기다리라.(11:33)

성만찬은 예수님께서 잡히시던 밤에 행한 최후의 만찬을 기념하는 것입니다. 예수께서 우리를 위해 피로 세운 새 언약을 기억하기 위해 떡과 술을 함께 나누는 자리입니다.

고린도 교회는 성만찬 때에 각자 음식을 가져와서 먹었습니다. 일찍 온 사람은 가져온 음식을 먼저 배불리 먹고 취하도록 마셨습니다. 나중에 온 사람은 허기가 져도 먹을 것이 남아 있지 않았습니다. 일찍 빵과 술을 푸짐하게 먹을 수 있었던 사람들은 부유한 사람이었을 것입니다. 빈궁한 사람들은 일을 하느라 늦게 왔고 변변한 음식도 가져올 수 없었을 것입니다. 결국 성찬의 본래 의미는 사라지고, 식탁의 빈부 격차가 극명하게 드러났습니다.

이에 바울은 주의 몸을 분별하지 못하고 먹고 마시는 것은 죄를 먹고 마시는 것이라 말합니다. 먹는 것으로 편을 가르고 빈궁한 사람들을 부끄럽게 하는 것은 하나님의 교회를 업신여기고 주의 몸과 피에 대하여 죄를 짓는 것이라고 단언합니다.

오늘날의 성만찬은 정해진 떡과 포도주를 나누므로 문제될 것이 없습니다. 그러나 교회 내에서 은연중에 빈부의 차이에 따라 끼리끼리 모이며 가난한 사람들을 소외시키고 있지 않은지 살펴야 합니다.

오늘의 기도

주님, 오늘의 말씀을 읽으며 혹시 내가 은연중에 차별한 것이 있는지 생각해 봅니다. 생활 환경이 비슷한 사람들끼리만 모이고, 소비 성향이 비슷한 사람들과만 다니면서 다른 사람들을 차별하거나 소외시키지 않았는지 돌아봅니다. 형제를 차별하는 것은 교만이고, 교만은 나를 넘어지게 하는 가장 큰 걸림돌입니다. 주님, 물질의 빈부나 지식의 많고 적음으로 형제를 차별하는 죄를 짓지 않도록 지켜 주십시오. 예수님의 이름으로 기도합니다. 아멘.

나의 기도

21
DAY

은사를 비교하지 말라

오늘의 말씀

12장 1절-19절

은사는 여러 가지나 성령은 같고 직분은 여러 가지나 주는 같으며 또 사역은 여러 가지나 모든 것을 모든 사람 가운데서 이루시는 하나님은 같으니 각 사람에게 성령을 나타내심은 유익하게 하려 하심이라.(12:4-7)

우리는 각자 받은 은사가 있습니다. 특별한 것만 은사가 아닙니다. 매주 예배에 참석하는 '순종과 성실'도 은사입니다. 그런데 때로는 내가 받은 은사는 다른 이가 받은 은사에 비해 역할이 작거나 덜 중요하거나, 심지어 하찮게 느껴질 때가 있습니다. 꼭 내가 아니어도 누구나 할 수 있으니 값진 은사가 아닌 것처럼 생각되기도 합니다.

그런데 은사의 무게는 누가 재는 것입니까. 하나님의 은사는 내 마음대로 값을 매길 수 있는 게 아닙니다. 은사의 쓰임은 다 다르지만 모두 하나님의 영광을 위해 있습니다. 그 은사들이 모두 모여 교회가 됩니다. 교회에 속하지 않은 은사는 없습니다.

불평은 어떤 은사에도 있기 마련입니다. 잘 보이는 일은 그로 인한 부담을 불평합니다. 잘 드러나지 않는 일은 표가 나지 않음을 불평합니다. 불평의 기준은 무엇입니까. 나의 만족과 사람들의 인정입니다.

은사는 하나님께서 주시는 것입니다. 은사를 비교하지 마십시오. 경중을 가리고 서열화하지 마십시오. 내가 가진 은사에 감사하고 최선을 다하십시오. 다른 지체의 일을 소중히 여기십시오. 각자의 자리에서 주어진 일을 하면 됩니다. 맡은 자에게 구할 것은 충성입니다.(고전 4:2)

오늘의 기도

주님, 교회나 직장에서 탁월한 능력을 발휘하는 사람들을 볼 때면 제가 가진 은사가 초라해 보입니다. 그러나 이제 은사를 비교하고 경중을 가리는 것이 교만임을 알았습니다. 은사는 하나님의 선물입니다. 어떤 것이든 감사히 여기며 잘 활용해야 할 소중한 달란트입니다. 하나님, 저에게 ○○○의 은사를 주셔서 감사합니다. 이 은사를 다른 사람의 것과 비교하지 않으며 불평하지 않겠습니다. 다섯 달란트를 받은 종처럼 큰 열매를 맺도록 잘 사용하겠습니다. 예수님의 이름으로 기도합니다. 아멘.

나의 기도

22
DAY

약한 것이 도리어 요긴하다

오늘의 말씀

12장 20절-31절

더 약하게 보이는 몸의 지체가 도리어 요긴하고 우리가 몸의 덜 귀히 여기는 그것들을 더욱 귀한 것들로 입혀 주며 우리의 아름답지 못한 지체는 더욱 아름다운 것을 얻느니라.(12:22-23)

우리 몸에 있는 지체 중 더 중요하고, 덜 중요한 것은 없습니다. 모두 필요하고 제각각의 역할이 있습니다. 열 발가락 중 하나를 다쳐도 몸 전체의 균형이 무너지고, 손가락 하나를 다쳐도 몸 전체에 통증이 미칩니다. 평소에 그 소중함을 잘 모르는 것은 그만큼 자기 기능을 잘 하고 있기 때문입니다. 우리 지체 중 약한 부분이 있다면 더욱 소중히 여겨야 합니다. 그렇지 않으면 균형이 무너져 지체 전체가 약해질 수 있습니다. 이는 작은 나사 하나 때문에 우주선 전체가 파괴되는 것과 같습니다.

우리 신체 부위 각각을 떼어서 본다면 더 아름답거나 덜 아름다운 것이 있을 수 있습니다. 그러나 각각 아름다운 것들을 모아 놓는다고 전체가 아름답지는 않습니다. 중요한 것은 조화입니다. 높고 낮은 것의 조화, 크고 작은 것의 조화가 전체의 아름다움을 만들어냅니다. 모두 같은 높이와 같은 크기라면 조화도 없고, 아름다움도 없습니다.

그리스도의 지체인 우리는 서로 연결되어 있습니다. 연결된 몸은 하나가 전체를 위해, 전체가 하나를 위해 움직여야 합니다. 어디서든 서로의 역할을 소중히 여겨야 합니다. 하나님께서 원하시는 건 자기를 자랑하는 것이 아니라, 서로 사랑하는 것입니다. 사랑보다 더 큰 하나님의 일은 없습니다.

오늘의 기도

주님, 약하게 보이는 지체가 도리어 소중하고, 덜 귀하게 여기는 것들이 더욱 귀함을 알게 해주셔서 감사합니다. 주님, 나의 약한 지체를 더 조심히 다루고 보호하듯이, 공동체 안에서의 약한 지체를 더 소중히 여기고 사랑으로 대할 수 있도록 이끌어 주십시오. 내가 맡은 일을 기쁘게 행하고, 다른 형제들이 하는 일의 소중함을 인정하고 감사하겠습니다. 평가가 아니라 사랑이 하나님의 일임을 늘 기억하겠습니다. 예수님의 이름으로 기도합니다. 아멘.

나의 기도

23
DAY

그중에 제일은 사랑이라

오늘의 말씀

13장 1절-13절

내가 예언하는 능력이 있어 모든 비밀과 모든 지식을 알고 또 산을 옮길 만한 모든 믿음이 있을지라도 사랑이 없으면 내가 아무것도 아니요 내가 내게 있는 모든 것으로 구제하고 또 내 몸을 불사르게 내어줄지라도 사랑이 없으면 내게 아무 유익이 없느니라.(13:2-3)

고린도전서 13장 말씀은 사랑에 대한 가장 아름다운 말씀입니다. 다른 설명이 필요없을 정도로 명확하기도 합니다. 놀라운 점은 믿음의 사도인 바울이 산을 옮길 만한 믿음도 사랑이 없으면 아무것도 아니라고 한 것입니다. 심지어 목숨을 내어주는 희생도 사랑이 없으면 아무 유익이 없다고 말합니다. 사랑은 어떤 행동이나 사람들 눈에 어떻게 보이는가로 판단하는 것이 아니라는 뜻입니다.

겉으로 드러나는 선행이나 희생이 곧 사랑은 아닙니다. 시기, 자랑, 무례, 교만, 원한, 성냄, 이익, 불의가 없는 것이 사랑입니다. 보여주기 위한 선행이나 내 이익을 얻기 위한 희생에는 사랑이 없습니다. 그것은 자기를 뽐내기 위한 요란한 꽹과리일 뿐입니다. 사랑은 그 대상을 위한 것이지 내 자부심이나 유익을 위한 것이 아닙니다. 사랑은 변화시키는 힘이 있지만, 변화시키기 위해 사랑하는 것은 아닙니다.

사랑은 없어지지 않습니다. 예언도 방언도 지식도 사라지지만 사랑은 남아 있습니다. 사랑을 주면서 실망하거나 후회할 것이 없습니다. 알아주지 않는다고, 결과가 빨리 나타나지 않는다고 한탄할 것이 없습니다. 사랑은 오래 스며들고 깊이 쌓입니다. 결코 사라지지 않으며, 악함과 고난과 시간을 이깁니다. 믿음, 소망, 사랑 중에 제일은 사랑입니다.

오늘의 기도

주님, 제가 사랑할 때에는 친절히 대하고 잘 베푸는 것에 집중합니다. 그런데 상대의 태도가 마음에 들지 않으면 사랑한 만큼 실망하고 괴로워집니다. 사랑을 하기보다 사랑하는 나를 드러내려는 욕심과 교만이 있습니다. 주님, 참된 사랑은 오래 참고 견디며, 모든 것을 믿으며, 결코 사라지지 않는다는 것을 진실로 깨닫게 해주십시오. 주께서 하신 그 사랑을, 그 사랑으로 구원받은 나도 할 수 있도록 도와주십시오. 예수님의 이름으로 기도합니다. 아멘.

나의 기도

24
DAY

돕는 은사를 구하라

오늘의 말씀

14장 1절-40절

교회에서 네가 남을 가르치기 위하여 깨달은 마음으로 다섯 마디 말을 하는 것이 일만 마디 방언으로 말하는 것보다 나으리라.(14:19)

고린도 교회에는 방언하는 사람과 예언하는 사람으로 나뉘어, 어떤 은사가 더 중요한지를 두고 갈등이 있었습니다. 각자 자기 은사가 더 높음을 주장하기 위해 목소리를 높이고 시끄럽게 떠들었을 것입니다.

바울은 누구보다 방언에 능통한 사람이었지만, 방언보다 예언의 은사를 구하라고 말합니다. 이것은 방언보다 예언이 더 우위라는 판정이 아닙니다. 방언은 개인의 기쁨에 한정되지만 예언은 다른 이들에게 유익을 주기 때문입니다.

방언은 불신자들에게 그가 그리스도인이라는 표식이 될 수 있습니다. 그러나 말을 하는 자신도 무슨 뜻인지 알지 못합니다. 단지 영혼의 소통을 했다는 기쁨을 얻는 것으로 끝납니다. 다른 사람들에게는 물론이고 심지어 자신에게도 덕을 세우지 못합니다. 자칫 잘못하면 자랑과 교만의 도구가 될 수 있습니다.

예언은 모두 알아들을 수 있습니다. 그 예언을 듣

는 사람 모두에게 직접적인 도움을 줄 수 있습니다. 따라서 바울은 방언보다 예언의 은사를 구하는 것이 좋다고 말합니다.

방언과 예언에 대한 바울의 생각에는 다른 분야에도 적용할 수 있는 원칙이 있습니다. '나를 위한 은사보다 다른 이들을 도울 수 있는 은사를 구하라'는 것입니다. 방언이냐 예언이냐는 중요하지 않습니다. 은사에 우열은 없습니다. 무엇이 더 많은 사람들에게 도움이 되고 덕이 되는가가 중요할 뿐입니다.

오늘의 기도

주님, 다른 이들을 돕는 은사가 얼마나 귀하고 복된 것인지 깨닫게 해주셔서 감사합니다. 주님, 이제 나의 유익이라는 좁은 틀에서 벗어나 진심으로 내 이웃들의 유익을 구하는 사람으로 성장하기 원합니다. 나중으로, 좀 더 여유가 있을 때로 미루지 않고 내 이웃을 위해 지금 내가 할 수 있는 일을 하는 용기와 지혜를 주십시오. 예수님의 이름으로 기도합니다. 아멘.

나의 기도

25
DAY

나의 나 된 것은

오늘의 말씀

15장 1절-10절

내가 나 된 것은 하나님의 은혜로 된 것이니 내게 주신 그의 은혜가 헛되지 아니하여 내가 모든 사도보다 더 많이 수고하였으나 내가 한 것이 아니요 오직 나와 함께 하신 하나님의 은혜로라.(15:10)

자신을 '달이 차지 못하여 난 자와 같은 자', '사도들 가운데 가장 작은 사도'라고 표현하지만, 바울은 사도 중의 사도요, 위대한 사상가입니다.

바울처럼 가던 방향에서 돌이켜 다른 방향의 길을 걷는 것은 쉬운 일이 아닙니다. 다른 무엇보다 '자신이 해온 일들'이 자신의 발목을 잡습니다. 예수님과 함께 다녔던 제자도 아닌데다 그리스도인들을 색출하는 데 앞장섰던 이력은 오랫동안 그를 따라다니며 괴롭혔을 것입니다.

그러나 그는 과거에 굴복하지 않았습니다. 과거에 연연하지 않고 단호하게 앞으로 나아갔습니다. 누구보다 앞장서 복음을 전하고 고난을 두려워하지 않았습니다. 복음의 핵심을 편지글로 남겼습니다. 그는 어떤 사도보다 수고하였고, 그 누구보다 대단한 일들을 해냈습니다. 그러나 바울은 그 모든 일을 자신의 수고가 만든 것이 아니라 하나님의 은혜라고 고백합니다. 성령으로 거듭난 자가 아니면 할 수 없는 고백입니다. 우리는 내 수고가 클수록 내 능력을 인정받고 싶어 합니다. 그러나 누구보다 수고했고, 누구보다 큰 열매를 거둔 바울은 고백합니다. "이 모든 것이 내가 한 일이 아니요 하나님의 은혜입니다!"

오늘의 기도

주님, 과거의 일에 매이지 않고 앞을 향해 나아가는 바울을 보며 나를 돌아봅니다. 과거의 일에 연연하는 것이 얼마나 어리석은 것인지 잘 알면서도, 때때로 과거의 일로 괴로워하고 분노합니다. 주님, 과거의 고리를 끊고 앞으로 나아가기를 원합니다. 이제 뒤에 것은 지나갔으니 다시 나를 붙잡지 못할 것입니다. 과거의 자랑에 머물지 않고, 지나간 괴로움을 다시 곱씹지 않겠습니다. 지금 나의 나 된 것은 주님의 은혜입니다. 내게 주신 이 시간을 기쁘게 여기고 범사에 감사하며 살겠습니다. 예수님의 이름으로 기도합니다. 아멘.

나의 기도

26
DAY

지금 새 삶을 누리라

오늘의 말씀

15장 11절-29절

사망이 한 사람으로 말미암았으니 죽은 자의 부활도 한 사람으로 말미암는도다 아담 안에서 모든 사람이 죽은 것 같이 그리스도 안에서 모든 사람이 삶을 얻으리라.(15:21-22)

하나님은 모든 만물을 그 발 아래 두셨습니다. 모든 만물 중에는 죽음도 들어 있습니다. 한 사람 아담의 죄로부터 시작된 죽음은 한 사람 예수님의 부활로 무릎 꿇게 되었습니다. 예수 그리스도 안에 있는 모든 사람은 이미 새로운 피조물(고린도후서 5:17)이므로 새로운 삶을 살아야 합니다.

한 번 죽는 것은 만물의 정한 이치입니다. 죽음 없이 부활이 있을 수 없습니다. 부활은 죽음을 전제로만 가능합니다. 그런데 우리는 부활을 염원하면서도 죽음은 피하려고 합니다. 십자가는 피하고 꽃길만 걷고 싶어 합니다. 그러나 죽음 없이 부활이 있을 수 없듯이, 십자가를 지지 않고는 꽃길을 걸을 수 없습니다. 고난 없는 길을 지루하게 가는 사람은 꽃길의 의미를 알 수도 없고, 그 기쁨을 누릴 수도 없기 때문입니다.

부활과 새 삶을 죽음 이후로 미루지 마십시오. 지

금 주 안에서 새 삶을 누리십시오. 죽음 이후의 부활은 온전히 하나님의 뜻 안에서 이루어질 것이지만, 우리가 사는 동안의 새 삶은 우리의 선택과 행함 속에서 이루어질 것입니다. 만일 지금 죽음과 같은 시간을 지나고 있다면, 곧 다가올 부활의 날을 믿으십시오. 믿고 견디면 주께서 일으켜 주실 것입니다.

오늘의 기도

주님, 죽음을 겪지 않고 부활을, 십자가를 지지 않고 면류관을 얻으려 했던 것을 회개합니다. 힘든 일이 닥칠 때마다 어떻게 하면 이 고난을 피해 갈까만 생각했습니다. 주님, 오늘 말씀을 통해 죽음 없이 부활 없음을 깨닫습니다. 죽음과 같은 어려운 일을 당할 때에, 부활의 믿음으로 이겨낼 수 있도록 도와주십시오. 주의 손을 놓지 않고 함께 걸으며 이 고난이 주님의 온전하신 계획 안에 있음을 진심으로 고백하게 하십시오. 예수님의 이름으로 기도합니다. 아멘.

나의 기도

27
DAY

나는 날마다 죽노라

오늘의 말씀

15장 30절-34절

형제들아 내가 그리스도 예수 우리 주 안에서 가진 바 너희에 대한 나의 자랑을 두고 단언하노니 나는 날마다 죽노라.(15:31)

바울은 그리스도의 부활이 죽은 자의 부활에 대한 가장 확실한 증거라고 말합니다. 하나님은 모든 것을 굴복시키는 분이시므로 죽음 역시 그 발 아래 굴복시킬 거라 말합니다.

바울은 고백합니다. "나는 날마다 죽노라!"

날마다 죽는다는 말은 죽음 같은 위험과 고통을 겪었다는 뜻입니다. 체포의 위험과 고된 노동, 불안정한 잠자리와 거친 음식 등, 복음을 전하기 위해 그는 수많은 고통을 감내했습니다. 무엇보다 그를 고통스럽게 한 것은 무지한 사람들로부터 받는 비난과 조롱, 교회 내에서의 파벌 싸움, 그리고 열심히 한 만큼 거둬지지 않는 복음의 열매였을 것입니다.

선한 일을 위해 자신을 희생하고도 오해를 받거나, 만족할 만한 성과가 없을 때, 원망하거나 분노하거나 좌절하기 쉽습니다.

그러나 바울은 어떤 상황에서도 좌절하지 않았습

니다. 그는 매일 죽는 것으로 고난을 이겨냈습니다. 매일 죽는 사람은 매일 다시 태어나는 사람입니다. 어제 일은 모두 잊고 오늘 새 날을 시작합니다. 이것이 거듭난 사람의 삶입니다. 어제의 고통은 어제로 족합니다. 새로운 시간인 오늘을 어제의 일로 망치지 마십시오. 마음이 잘 다스려지지 않는다면 언제나 함께하시는 성령의 도움을 구하십시오.

오늘의 기도

주님, 바울의 '날마다 죽는다'는 말이 하루하루가 고통이라는 뜻에서 매일매일 새롭게 태어난다는 의미로 바뀌었습니다. 오늘을 어제의 연장으로 살지, 어제와 다른 새로운 시간으로 살지는 나에게 달려 있습니다. 하나님, 매일 아침 새로운 시간을 주신 것에 감사하고, 하루 중 일어나는 어떤 일에든 마지막에는 감사로 마무리하는 삶을 살고 싶습니다. 어제는 실패했어도 오늘 다시 일어설 수 있도록 성령께서 함께해 주십시오. 예수님의 이름으로 기도합니다. 아멘.

나의 기도

28
DAY

강한 것으로 다시 살아나며

오늘의 말씀

15장 35절-50절

죽은 자의 부활도 그와 같으니 썩을 것으로 심고 썩지 아니할 것으로 다시 살아나며 욕된 것으로 심고 영광스러운 것으로 다시 살아나며 약한 것으로 심고 강한 것으로 다시 살아나며.(15:42-43)

죽은 자들의 부활이 어떤 형태일지 우리는 알 수 없습니다. 그것은 온전히 하나님의 영역입니다. 바울은 우리가 형체가 없는 것을 심지만 형체를 가진 것으로 거둔다고 말합니다. 땅의 형체도 있고 하늘의 형체도 있습니다. 그리고 각기 그에 따른 영광이 있습니다. 해의 영광이 다르고 별의 영광이 다르며, 별들 사이의 영광도 다릅니다(15:41). 지금은 알 수 없지만 각각에 맞는 영광이 준비되어 있습니다.

지금 뿌리고 있는 씨앗, 지금 하고 있는 이 일이 훗날 어떤 형체로 나타날지는 아무도 모릅니다. 지금은 작은 듯 보여도, 지금은 약한 듯 보여도 나중에 얼마나 큰 형체가 될지, 어떤 영광을 얻게 될지 알 수 없습니다. 이것이 미래의 일을 지레짐작하여 냉소하거나, 미리 포기하지 말아야 할 이유입니다. 내일 일도 짐작할 수 없는 인간이 어떻게 먼 훗날의 일을 단언할 수 있겠습니까.

욕된 것으로 심어도 영광스러운 것으로 살아나며, 약한 것으로 심어도 강한 것으로 살아날 수 있습니다. 따라서 지금 당장의 현상을 보고 절망하지도, 교만하지도 말아야 합니다.

지금은 씨를 뿌릴 때입니다. 거두는 것은 한참 뒤의 일입니다. 미리 짐작하지 마십시오. 지레 포기하지 마십시오. 사랑으로 뿌리는 씨는 사라지지 않습니다. 하나님은 그 노고를 잊지 않으십니다.

오늘의 기도

주님, 욕된 것이 영광스러운 것으로, 약한 것이 강한 것으로 살아난다 하신 말씀이 많은 힘이 됩니다. 지금의 내 모습을 보고, 지금 내가 하는 일을 보고 앞날을 단정하지 않겠습니다. 앞날의 모든 열매와 영광은 내 힘으로 얻는 것이 아니라 주님께서 은혜로 주시는 것임을 믿습니다. 기쁨으로 씨를 뿌리고 주께서 주시는 대로 거두는 자가 되겠습니다. 예수님의 이름으로 기도합니다. 아멘.

나의 기도

29
DAY

죽음을 이기는 삶

오늘의 말씀

15장 51절-58절

사망아 너의 승리가 어디 있느냐 사망아 네가 쏘는 것이 어디 있느냐.(15:55)

부활은 죽음 이후의 상황입니다. 그래서 부활 논쟁은 확고한 결론을 보일 수가 없습니다. 죽음 이후를 지금과 똑같은 상태로 이해해서는 부활을 설명할 수 없습니다. 바울은 그 변화가 썩을 것에서 썩지 않을 것으로, 비천한 것이 영광스러운 것으로, 약한 것이 강한 것으로 일어날 것(42-43)이라고 말합니다. 썩을 몸은 썩지 않을 것을 입고, 죽을 몸이 죽지 않을 것을 입을 때에 죽음을 삼키고 승리를 얻게 될 것(54절)이라 말합니다.

우리는 이 말씀을 죽음 이후가 아니라 지금 적용할 수 있습니다. 거듭난 이후의 삶은 이전의 삶과 질적으로 달라야 합니다.

'죄의 권세인 율법에 얽매여 행동하지 않습니다. 우리가 받을 유산은 하늘에 속한 신령한 것이므로 땅에 속한 썩어질 것으로 판단하지 않습니다. 하나님보다 사람의 눈에 들려고 행동하지 않습니다. 돈과 권력을 섬기는 세상 풍조에 흔들리지 않고 말씀 위에 굳게 서서 주의 일을 합니다.' 이것이 거듭난 자의 삶입니다.

거듭난 삶은 편한 삶이 아닙니다. 세상 사람의 눈에는 어리석게 보일 수도 있습니다. 그러나 바울은 말합니다. "여러분이 아는 대로, 여러분의 수고가 주님 안에서 헛되지 않습니다!"(15:58)

오늘의 기도

주님, 죽음 이후의 부활은 고난을 견디게 하고 희망을 줍니다. 그러나 지금 우리가 할 수 있는 것은 이 땅에서 거듭난 사람으로 사는 것입니다. 부활은 미래의 희망이지만 거듭난 자로 살아가는 것은 지금 누리는 복입니다. 주께서 함께하시는 삶이 얼마나 큰 은혜인가를 순간순간 깨닫게 해주십시오. 항상 기뻐하고 범사에 감사하며 주어진 일에 최선을 다하겠습니다. 오늘도 함께하실 예수님의 이름으로 기도합니다. 아멘.

나의 기도

30
DAY

주께 맡기고 나아가라

오늘의 말씀

16장 1절-24절

내게 광대하고 유효한 문이 열렸으나 대
적하는 자가 많음이라.(16:9)
너희 모든 일을 사랑으로 행하라.(16:14)

바울은 고린도전서의 마지막에 큰 문이 활짝 열려서 많은 일을 할 기회가 왔다고 말합니다. 그러나 바로 다음에 '방해를 하는 사람도 많이 있습니다'라고 덧붙입니다. 큰 기회에는 그만큼 큰 위험이 따릅니다. 큰 일을 성취하기 위해서는 그에 따르는 큰 고통을 감당해야 합니다. 무슨 일이든 얻는 만큼 수고할 각오를 해야 합니다.

힘들이지 않고 얻을 생각만 하는 사람이 있습니다. 그런 사람들은 얻는 것도 보잘것없고, 그마저 곧 흩어집니다. 최선을 다한 뒤에 얻는 벅찬 성취와 참된 행복을 느끼지 못합니다.

감당해야 할 무게가 두려워 큰 것을 얻을 기회를 피하는 사람도 있습니다. 이런 사람들은 자기 손에 주어진 기회를 잡지 못합니다. 실패가 두려워 도전조차 못하고 생을 마감합니다. 이런 사람의 말년에는 시도하지 못한 일에 대한 후회만 남습니다.

바울은 기회가 왔을 때에 도전을 피하지 않습니다. 그는 어려운 도전을 큰 기회로 받아들였습니다. 그의 도전으로 세계 만방의 사람들이 복음을 들을 수 있었습니다.

지금 실패할 걱정과 감내해야 할 수고가 두려워 피하고 있는 도전이 있지 않습니까. 지금 할 수 있는 것부터 해나가십시오. 모든 일의 결과를 주께 맡기고 계속 앞으로 나아가십시오.

오늘의 기도

주님, 좋은 기회일수록 감당해야 할 무게가 무겁다는 것을 압니다. 아무런 수고 없이 큰 것을 얻기 바라는 마음은 심지 않고 거두려 하는 것과 같습니다. 해야 할 일이 크고 감당할 것이 무거울수록 주의 은혜가 크게 임할 것을 믿습니다. 모든 염려와 두려움을 주께 맡기고 믿음으로 나아가겠습니다. 그 길에 함께해 주시고 모든 영광은 주께서 받으시옵소서. 예수님의 이름으로 기도합니다. 아멘.

나의 기도

하루 5분, 고난을 이기는 묵상 기도문 _ 고린도전서 편

1판 1쇄 펴낸날 2024년 3월 6일

지은이 분홍소금
펴낸이 이용훈

펴낸곳 북스원
등록 제2015-000033호
주소 서울시 송파구 오금로44나길 5, 401호
전화 010-3244-4066
이메일 wisebook@naver.com
공급처 (주)비전북 031-907-3927
ISBN 979-11-92468-13-6 02230